www.ingramcontent.com/pod-product-compliance
Lightning Source LLC
Chambersburg PA
CBHW070654220526
45466CB00001B/434
* 9 7 8 1 6 5 4 0 5 9 5 5 2 *